BOUFFONNERIES

DE

L'EXPOSITION

PAR

CHAM

Cocher ! à l'Exposition, s'il vous plaît !

PARIS

MICHEL LÉVY FRÈRES, LIBRAIRES ÉDITEURS

2 BIS, RUE VIVIENNE, ET BOULEVARD DES ITALIENS, 15

A LA LIBRAIRIE NOUVELLE

1868

Ce pauvre Mars, voulant se promener actuellement dans son
champ, ne sait plus où poser le pied.
Quelle mauvaise charge on lui a faite là !

Les Français enlèvent le Trocadéro pour la deuxième fois.

MM. les voleurs quittant tous la forêt de Bondy, pour
venir s'établir restaurateurs pendant les six mois de
l'Exposition.

—Joseph, pourquoi avoir acheté ce poisson? Nous avions
de quoi dîner.
—Ce n'est pas pour manger maintenant: tout augmen-
tera tellement à l'époque de l'Exposition !

—Eh bien, ma chère, vous êtes moins préoccupée de l'avenir de vos deux filles ?

—Oui, je compte beaucoup sur l'époque de l'Exposition... Des étrangers qui ne s'y connaissent pas...

—Nous allons ?
—Palais de l'industrie, au Champ de Mars.

Cocher de fiacre apercevant une personne sortant de l'Exposition et qui pourrait bien avoir besoin d'une voiture.

Les cochers retirant la banquette et le plancher de leurs voitures pour conduire les voyageurs à l'Exposition.

—Mon ami, ne prenons pas ce fiacre ! Vois donc son nu-
méro, il pourrait abuser de la liberté.

Complet
Non licet omnibus...

Les cochers de fiacre se faisant cajoler par les bourgeois
qui veulent se faire conduire au Champ de Mars.

Henri IV mettant son cheval à la disposition des Béar-
nais qui viendront visiter l'Exposition.

— Trouvez-vous qu'il y ait de bonnes choses à l'Exposition ?

— Mais oui ! Au buffet, j'ai mangé du jambon excellent.

Le pacha d'Égypte ayant eu le bon esprit de mettre son porte-monnaie hors de l'atteinte des pick-pockets de l'Exposition.

— Tiens, c'est drôle ! Je me l'étais toujours représenté à cheval sur ses droits.

— Monsieur a le droit de tout visiter. Monsieur peut entrer dans la chaudière.

Nouvelle manière de payer ses dettes avec le canon au coup de mille francs.

— Restez-là, bien en face ! Je vous dois mille francs, je vais vous les payer.

PROCHAINEMENT.

Les coups de canon cotés à la Bourse et les pièces servies par des agents de change.

— Pardon, gardien ! Pourquoi le monde se porte-t-il du côté des machines qui sont là-bas, et personne du côté de celles-ci ?

— Monsieur, ici, ce sont les machines à vapeur explosibles.

— Je préfère encore cela aux pianos. Mieux vaut devenir sourd que de devenir imbécile.

— Ce n'est pas poli pour le public ! Il me semble qu'on aurait pu les retourner.

— Si c'est là ce qu'ils ont à nous faire voir ! Ils sont bien mal élevés

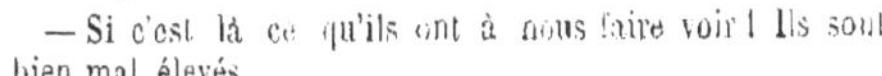

— Mon fils, que cette exposition chevaline vous serve de leçon ! S'ils avaient été des ânes, ils n'auraient pas aujourd'hui l'honneur de figurer devant le public.

Embarras des missionnaires protestants ! Impossible de faire accepter d'autre *Bible* que celle à deux cents francs, illustrée par Gustave Doré.

— Paraît qu'il y aura une exposition de chiens au mois de mai.

— Pourvu qu'on n'en fasse pas une de chats ! Qu'est-ce que nous ferions pendant qu'ils seraient à l'Exposition.

EXPOSITION DES VOLAILLES

— Oh ! le superbe canard ! Où a-t-il été élevé ?
— Dans un journal.

EXPOSITION DES FROMAGES.

— Que pensez-vous de tous ces fromages ?
— Je n'en sais rien ! Pour les juger il me faudrait un morceau de pain.

— Tu vois ces fromages-là ! les Russes nous en servaient comme ça tous les jours, à Sébastopol. Il y a même des camarades qui en sont morts, tant que c'est indigeste.

Section du *Roque* par trop *fort*.

— Mais je ne les vois pas, le fromage anglais et le fromage américain ?
— Monsieur, ils se sont dévorés tous les deux.

— Triste ! triste ! des fromages anglais ! suisses ! hollandais ! et pas un seul fromage turc ! Toujours en retard sur le reste de l'Europe.

— Tiens, papa, voilà le fromage que je préfère.
— Tu as raison, mon fils, il faut aimer tout ce qui a du cœur.

Le brie se prenant aux cheveux avec le neuchâtel.

Les gardiens de l'exposition des fromages ne pouvant faire leur service qu'à la condition d'avoir une drogue sur le nez.

Le jury repoussant avec indignation le fromage de cochon.

Ce polisson de gruyère faisant les yeux aux femmes.

— Quelle horreur ! mon ami, passons vite ! des gens comme nous, s'arrêter devant du fromage à la pie ! fi donc!

— Adèle ! malheureuse enfant ! qu'est-ce que c'est que ces manières-là !

— Maman, je fais un fromage avec ma robe : c'est bien permis, je suppose, à cette exposition.

— J'ai mangé du stilton, et, quoique ne sachant pas un mot d'anglais, j'ai trouvé cela excellent.

— La bourse ou la vie !

— Je ne suis qu'un pauvre instituteur primaire ! Je ne puis que vous donner l'instruction gratuite.

LE JEUNE TOTO, *affolé de terreur*. — Maman ! je t'en supplie, emmène-moi ! Voici dix mille instituteurs qui arrivent à Paris !

Une famille, peut-être indiscrète, visitant à l'Exposition les produits de Jean-Marie Farina.

— Mon ami, tu te trompes ! le vrai Jean-Marie Farina, c'est ici.

— Tu es dans l'erreur : le véritable, c'est le mien, et les autres aussi.

Le commissaire de l'Exposition chinoise ayant l'intention d'emporter un piano, comme instrument de supplice bien supérieur à ceux connus dans son pays.

— Croûtes ! plats d'épinards, galettes ! Au lieu d'appeler cela un salon, on ferait bien mieux de dire une cuisine.

RÉFLEXION D'UN LAMPISTE A L'EXPOSITION.

— Mon ami, voilà un tableau qui est mal éclairé.
— C'est probablement l'huile qui ne vaut rien.

Demande l'adresse de M. Jadin pour manger ses modèles.

— Monsieur, vous n'avez pas le droit de décrocher les tableaux qui sont là-haut !

— Je voudrais comparer avec la nature qui est exposée au-dessous.

— Ingres ! un très-grand peintre certainement ! Mais qu'est-ce que cela peut te faire, à toi, puisqu'il n'avait que le sentiment du beau ?

—Mais c'est une horreur ! Avoir retouché mon portrait pour l'Exposition ! Je n'ai jamais eu ce teint-là.

—Madame, cette année, il faut flatter les étrangers. Votre portrait est peint uniquement au bleu de Prusse.

—Dites donc, mame Pochet, les peintres, paraît que c'est ous coquins ! Il y avait une médaille d'honneur : pas un n'a été jugé digne de l'obtenir

CONCOURS POUR LA STATUE DE VOLTAIRE.

—Ça, un Voltaire ? Allons donc ! en costume du Directoire !

—Justement. Voltaire ne croyait à rien : je l'ai, par conséquent, représenté en incroyable.

Costume proposé pour la statue de Voltaire, afin de la rendre populaire dans les campagnes.

Stupéfaction des souscripteurs.
M. Havin n'ayant pas suffisamment expliqué au sculpteur
de quel Voltaire il était question pour le monument.

RECETTE POUR FAIRE BATTRE SES HABITS.
Insister pour qu'un cocher vous conduise à l'Exposition.

Les marchandes des quatre-saisons gagnant beaucoup plus
à ramener le monde de l'Exposition qu'à vendre des
légumes.

LE THÉATRE CHINOIS.
— C'est-y pas avec ça qu'il va jouer *le Cheveu blanc*
de M. Octave Feuillet ?

— Où sont exposés les diamants ?

— Je n'en sais rien ; mais je me laisse diriger par mon épouse. Les femmes arrivent tout naturellement à ces choses-là.

LES DIAMANTS DE LA COURONNE.

— Cristi! je canoterais bien sur cette rivière de diamants.

EXPOSITION DE PEINTURE.

Un Turc profite de ce qu'il a un sabre pour couper en deux une composition de M. Gérôme. (Le peintre devrait l'attaquer en dommages-intérêts.)

AUTRE TABLEAU DE M. GÉRÔME.

Un Arabe s'étant fait arracher toutes les dents, les place dans la bouche d'un esclave qui a toute sa confiance.

Clichy. — Imprimerie de Maurice Loignon et Cⁱᵉ, rue du Bac-d'Asnières, 12.